Impressum
Verlag: BABADADA GmbH, Nedderfeld 112 , 22529 Hamburg
Geschäftsführer / Verlagsleitung: Harald Hof
Druck: Books on Demand GmbH, In de Tarpen 42, 22848 Norderstedt

Imprint
Publisher: BABADADA GmbH, Nedderfeld 112 , 22529 Hamburg, Germany
Managing Director / Publishing direction: Harald Hof
Print: Books on Demand GmbH, In de Tarpen 42, 22848 Norderstedt, Germany

mokykla
xue xiao

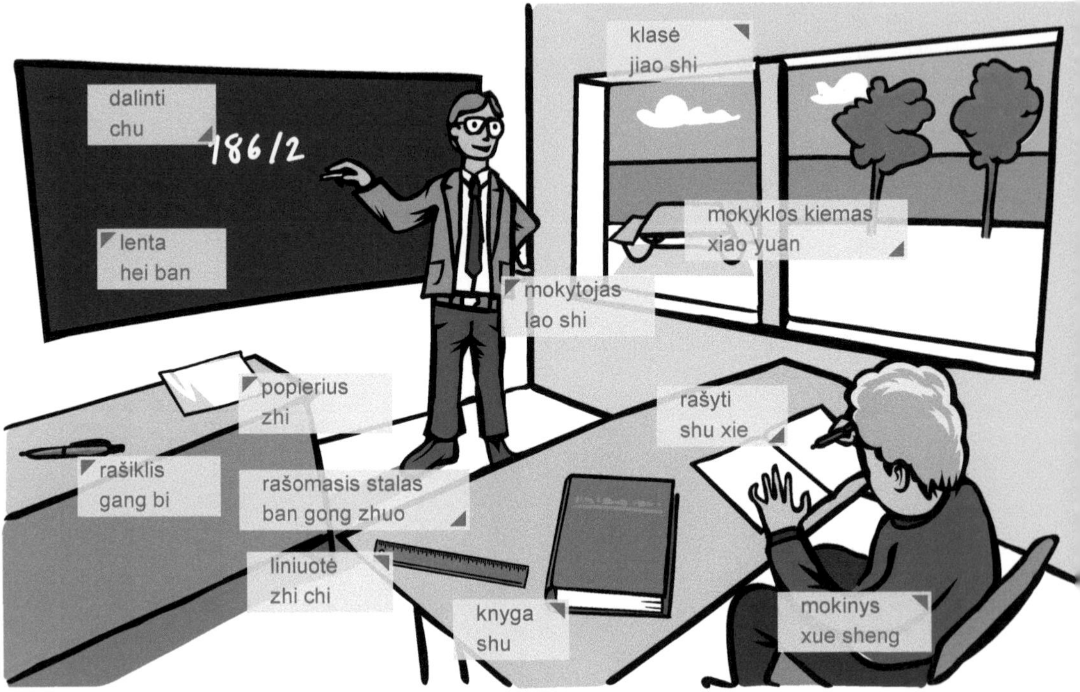

klasė
jiao shi
dalinti
chu
186/2
lenta
hei ban
mokyklos kiemas
xiao yuan
mokytojas
lao shi
popierius
zhi
rašyti
shu xie
rašiklis
gang bi
rašomasis stalas
ban gong zhuo
liniuotė
zhi chi
knyga
shu
mokinys
xue sheng

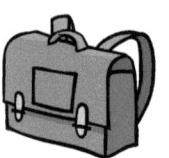

kuprinė

shu bao

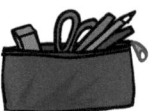

penalas

qian bi he

pieštukas

qian bi

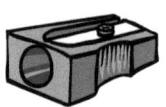

drožtukas

juan bi dao

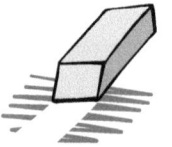

trintukas

xiang pi ca

piešimo bloknotas

hua ban

piešinys

tu hua

teptukas

hua bi

dažų dėžutė

yan liao he

žirklės

jian dao

klijai

jiao shui

vadovėlis

lian xi ce

namų darbai

jia ting zuo ye

12

numeris

shu zi

2+2

pridėti

jia

5-2

atimti

jian

2×2

dauginti

cheng

skaičiuoti

ji suan

A

raidė

zi mu

ABCDEFG
HIJKLMN
OPQRSTU
VWXYZ

abėcėlė

zi mu biao

hello

žodis

zi

tekstas

ke wen

skaityti

du

kreida

fen bi

pamoka

shang ke

dienynas

deng ji

egzaminas

kao shi

pažymėjimas

zheng shu

mokyklinė uniforma

xiao fu

išsilavinimas

jiao yu

enciklopedija

bai ke quan shu

universitetas

da xue

mikroskopas

xian wei jing

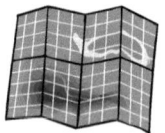

žemėlapis

di tu

šiukšliadėžė

fei zhi kuang

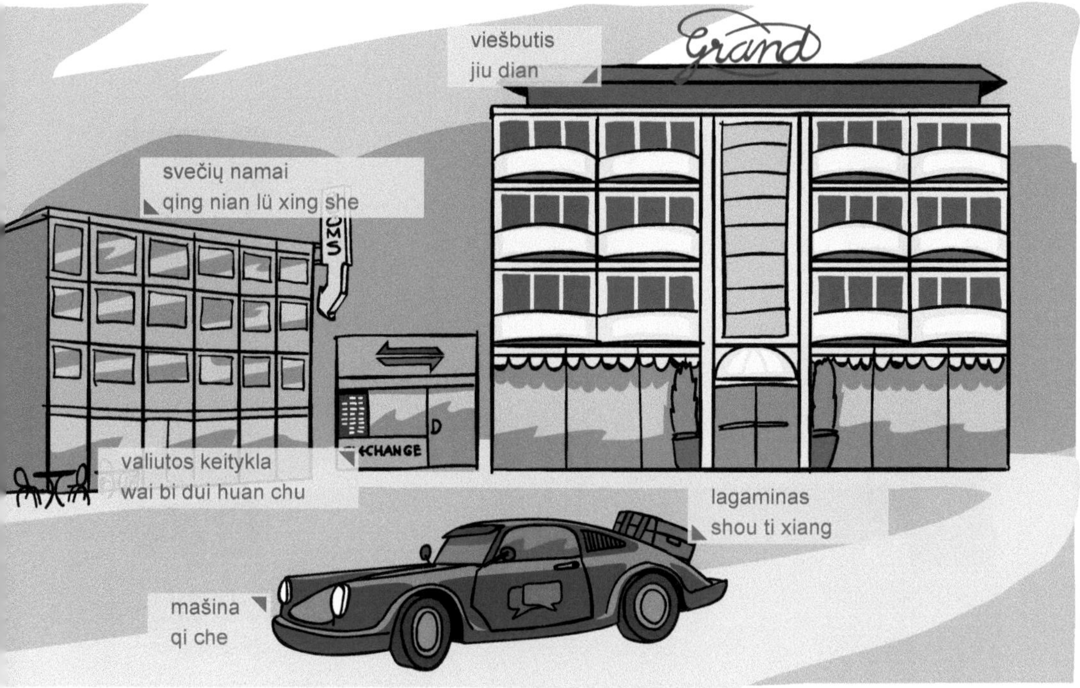
viešbutis
jiu dian
Grand
svečių namai
qing nian lü xing she
valiutos keitykla
wai bi dui huan chu
EXCHANGE
lagaminas
shou ti xiang
mašina
qi che

kalba
yu yan

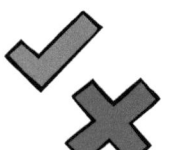

taip / ne
shi/fou

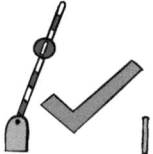

Gerai
hao de

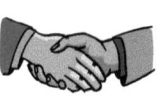

sveiki
nin hao

vertėjas raštu
fan yi yuan

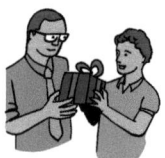

Ačiū
xie xie

kiek kainuoja...?

......duo shao qian?

aš nesuprantu

wo bu ming bai

problema

wen ti

Labas vakaras!

wan shang hao!

Labas rytas!

zao shang hao!

Labos nakties!

wan an!

viso gero

zai jian

kryptis

fang xiang

bagažas

xing li

krepšys

bao

kuprinė

shuang jian bao

svečias

ke ren

kambarys

fang jian

miegmaišis

shui dai

palapinė

zhang peng

kelionė - lü xing

turizmo informacija

lü you xin xi

paplūdimys

hai tan

kreditinė kortelė

xin yong ka

pusryčiai

zao can

pietūs

wu can

vakarienė

wan can

bilietas

piao

liftas

dian ti

pašto ženklas

you piao

siena

bian jie

muitinė

hai guan

ambasada

da shi guan

viza

qian zheng

pasas

hu zhao

transportas

jiao tong yun shu

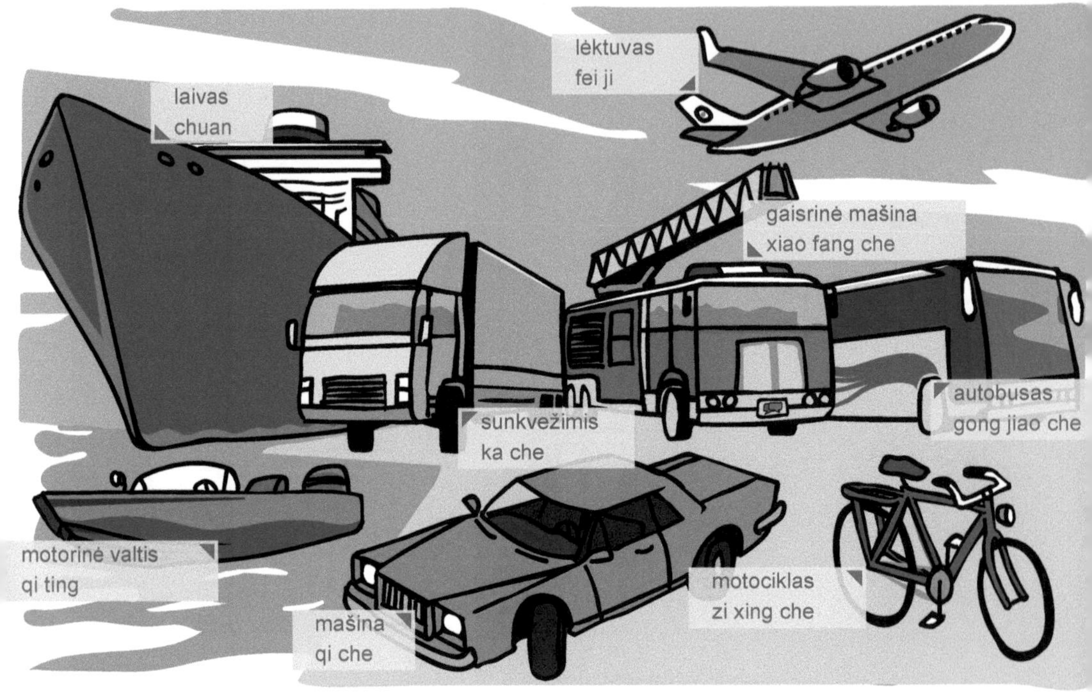

lėktuvas
fei ji
laivas
chuan
gaisrinė mašina
xiao fang che
autobusas
gong jiao che
sunkvežimis
ka che
motorinė valtis
qi ting
motociklas
zi xing che
mašina
qi che

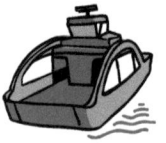

keltas

bai du chuan

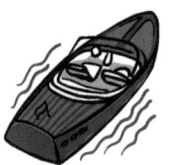

valtis

xiao chuan

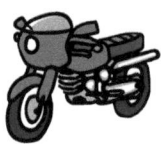

mopedas

mo tuo che

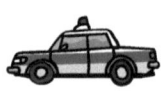

policijos automobilis

jing che

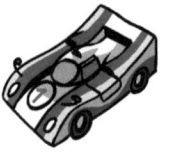

lenktyninis automobilis

sai che

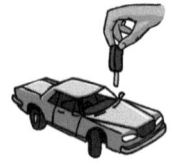

nuomojamas automobilis

zu che

bendras automobilio
naudojimas
....
pin che

techninės pagalbos
automobilis
....
tuo che

šiukšliavežė
....
la ji che

variklis
....
fa dong ji

degalai
....
qi you

degalinė
....
jia you zhan

kelio ženklas
....
jiao tong biao zhi

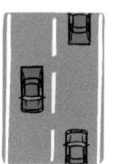

eismas
....
jiao tong

eismo spūstis
....
jiao tong du sai

mašinų stovėjimo aikštelė
....
ting che chang

traukinių stotis
....
huo che zhan

bėgiai
....
gui dao

traukinys
....
huo che

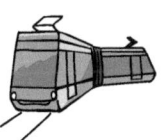

tramvajus
....
dian che

vagonas
....
huo che

sraigtasparnis

zhi sheng ji

oro uostas

ji chang

bokštas

ta

keleivis

cheng ke

konteineris

ji zhuang xiang

dėžė

zhi ban xiang

vežimėlis

shou tui che

krepšys

lan zi

pakilti / nusileisti

qi fei/jiang luo

miestas

cheng shi

kaimas

cun zhuang

miesto centras

shi zhong xin

namas

fang zi

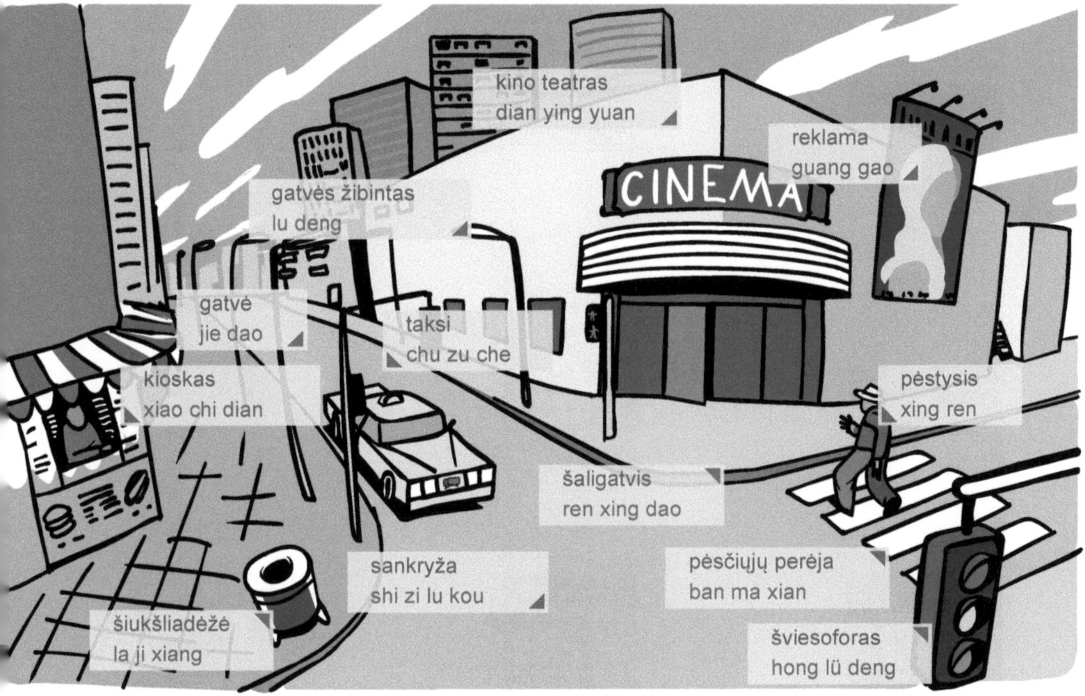
CINEMA
kino teatras
dian ying yuan
reklama
guang gao
gatvės žibintas
lu deng
gatvė
jie dao
taksi
chu zu che
kioskas
xiao chi dian
pėstysis
xing ren
šaligatvis
ren xing dao
sankryža
shi zi lu kou
pėsčiųjų perėja
ban ma xian
šiukšliadėžė
la ji xiang
šviesoforas
hong lü deng

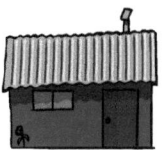

trobelė
xiao wu

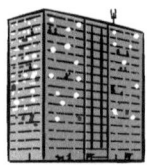

butas
gong yu

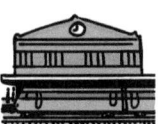

traukinių stotis
huo che zhan

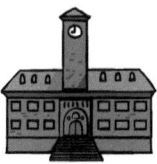

rotušė
shi zheng ting

MUSEUM
muziejus
bo wu guan

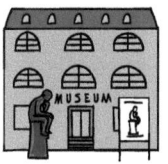

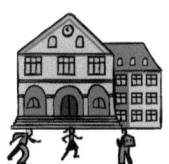

mokykla
xue xiao

universitetas

da xue

bankas

yin hang

ligoninė

yi yuan

viešbutis

jiu dian

vaistinė

yao fang

biuras

ban gong shi

knygynas

shu dian

parduotuvė

shang dian

gėlių parduotuvė

hua dian

prekybos centras

chao shi

turgus

shi chang

universalinė parduotuvė

bai huo shang dian

žuvies parduotuvė

yu dian

prekybos centras

gou wu zhong xin

uostas

hai gang

parkas

gong yuan

suoliukas

chang deng

tiltas

qiao

laiptai

lou ti

metro

di tie

tunelis

sui dao

autobusų stotelė

gong jiao che zhan

baras

jiu ba

restoranas

can guan

lauko pašto dėžutė

you tong

kelio ženklas

lu biao

parkomatas

ting che ji shi qi

zoologijos sodas

dong wu yuan

baseinas

you yong guan

mečetė

qing zhen si

ūkininko ūkis

nong chang

tarša

wu ran

kapinės

mu di

bažnyčia

jiao tang

žaidimų aikštelė

cao chang

šventykla

si miao

kraštovaizdis

di xing

lapas
shu ye

kelio rodyklė
zhi shi pai

kelias
lu

pieva
cao di

akmuo
shi tou

ėjikas
tu bu lü xing zhe

medis
shu

upė
he

žolė
cao

gėlė
hua

slėnis

xia gu

kalva

shan

ežeras

hu

miškas

sen lin

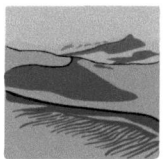

dykuma

sha mo

ugnikalnis

huo shan

pilis

cheng bao

vaivorykštė

cai hong

grybas

mo gu

palmė

zong lü shu

uodas

wen zi

musė

cang ying

skruzdėlė

ma yi

bitė

mi feng

voras

zhi zhu

vabalas

jia chong

varlė

qing wa

voverė

song shu

ežys

ci wei

kiškis

ye tu

pelėda

mao tou ying

paukštis

niao

gulbė

tian e

šernas

ye zhu

elnias

lu

briedis

mi lu

užtvanka

shui ba

vėjo jėgainė

feng li fa dian ji

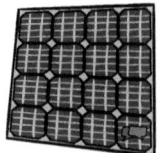

saulės baterija

tai yang neng dian chi ban

klimatas

qi hou

restoranas

can guan

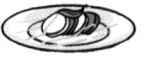

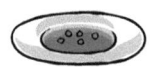

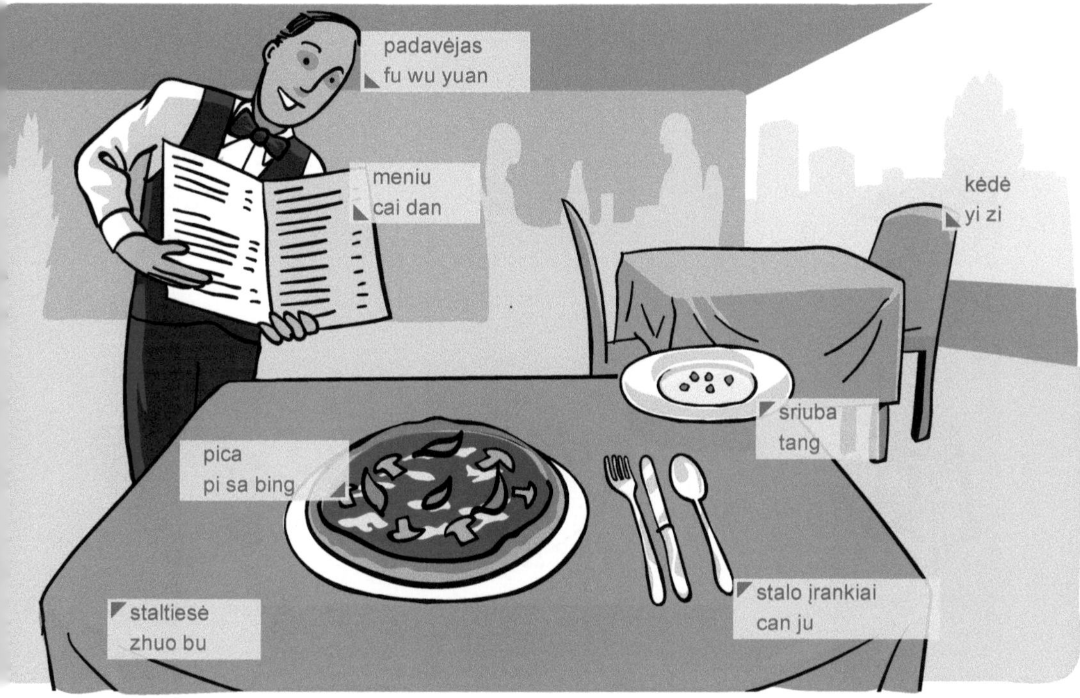
padavėjas
fu wu yuan
meniu
cai dan
kėdė
yi zi
sriuba
tang
pica
pi sa bing
stalo įrankiai
can ju
staltiesė
zhuo bu

užkandis

qian cai

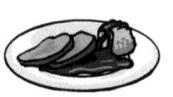

pagrindinis patiekalas

zhu cai

desertas

tian dian

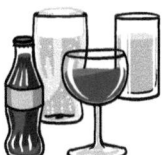

gėrimai

yin liao

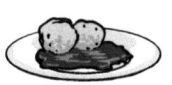

maistas

shi wu

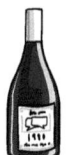

butelis

ping zi

greitai pateikiamas maistas

kuai can

gatvės maistas

jie bian xiao chi

arbatinukas

cha hu

cukrinė

tang he

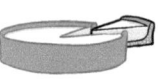

porcija

yi fen fan cai

espreso aparatas

yi shi ka fei ji

aukšta kėdė

gao jiao yi

sąskaita

zhang dan

padėklas

tuo pan

peilis

dao

šakutė

can cha

šaukštas

shao zi

arbatinis šaukštelis

cha chi

servetėlė

can jin

stiklinė

bo li bei

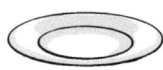

lėkštė
die zi

sriubos lėkštė
tang pan

padėklas
die zi

padažas
jiang

druskinė
yan ping

pipirų malūnėlis
hu jiao mo

actas
cu

aliejus
shi yong you

prieskoniai
tiao wei liao

kečupas
fan qie jiang

garstyčios
jie mo

majonezas
dan huang jiang

prekybos centras
chao shi

specialus pasiūlymas
te jia
FOR
pirkėjas
gu ke
pieno produktai
ru zhi pin
vaisiai
shui guo
troleibusas
gou wu che

BUTCHERS

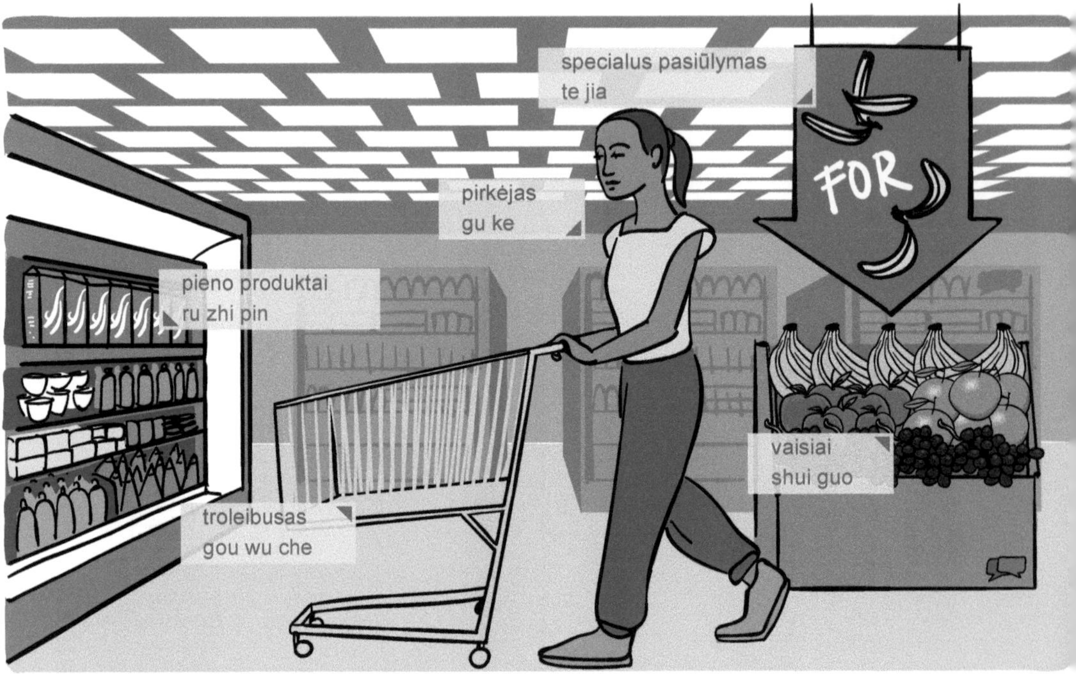

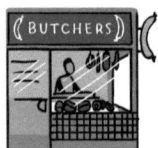

mėsos parduotuvė

rou pu

BAKERY

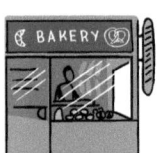

kepykla

mian bao fang

sverti

cheng zhong

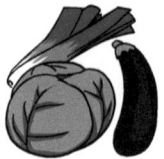

daržovės

shu cai

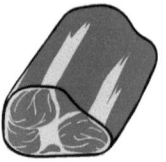

mėsa

rou

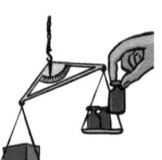

šaldytas maistas

leng dong shi pin

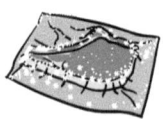

šalti mėsos užkandžiai

leng pan

konservai

guan tou shi pin

skalbimo milteliai

xi yi fen

saldumynai

tian shi

ūkinės prekės

ri yong pin

valymo priemonės

qing jie yong pin

pardavėja

xiao shou yuan

kasos aparatas

shou yin ji

kasininkas

shou yin yuan

pirkinių sąrašas

gou wu qing dan

darbo valandos

kai fang shi jian

piniginė

qian bao

kreditinė kortelė

xin yong ka

maišelis

dai zi

plastikinis maišelis

su liao dai

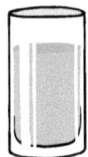

vanduo

shui

sultys

guo zhi

pienas

niu nai

kola

ke le

vynas

hong jiu

alus

pi jiu

alkoholis

jiu

kakava

ke ke

arbata

cha

kava

ka fei

espresas

yi shi nong suo ka fei

kapučinas

ka bu qi nuo

bananas

xiang jiao

obuolys

ping guo

apelsinas

cheng zi

arbūzas

xi gua

citrina

ning meng

morka

hu luo bo

česnakas

da suan

bambukas

zhu zi

svogūnas

yang cong

grybas

mo gu

riešutai

jian guo

makaronai

mian tiao

spagečiai

yi da li mian tiao

ryžiai

mi fan

salotos

sha la

traškučiai

shu tiao

keptos bulvės

zha tu dou

pica

pi sa bing

mėsainis

han bao bao

sumuštinis

san ming zhi

pjausnys

zha zhu pai

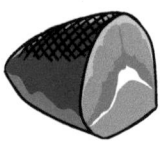

kumpis

huo tui

saliamis

sa la mi

dešrelė

xiang chang

vištiena

ji rou

kepsnys

kao rou

žuvis

yu

avižų dribsniai

yan mai pian

dribsniai su priedais

mu zi li

kukurūzų dribsniai

yu mi pian

miltai

mian fen

prancūziškasis ragelis

yang jiao mian bao

bandelė

mian bao juan

duona

mian bao

skrebutis

kao mian bao

sausainiai

bing gan

sviestas

huang you

varškė

ning ru

tortas

dan gao

kiaušinis

dan

kiaušinienė

jian dan

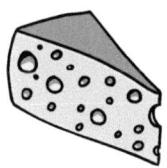

sūris

nai lao

ledai

bing ji lin

cukrus

tang

medus

feng mi

uogienė

guo jiang

tepamas šokoladas

qiao ke li jiang

karis

ga li fan

ūkininko ūkis
nong chang

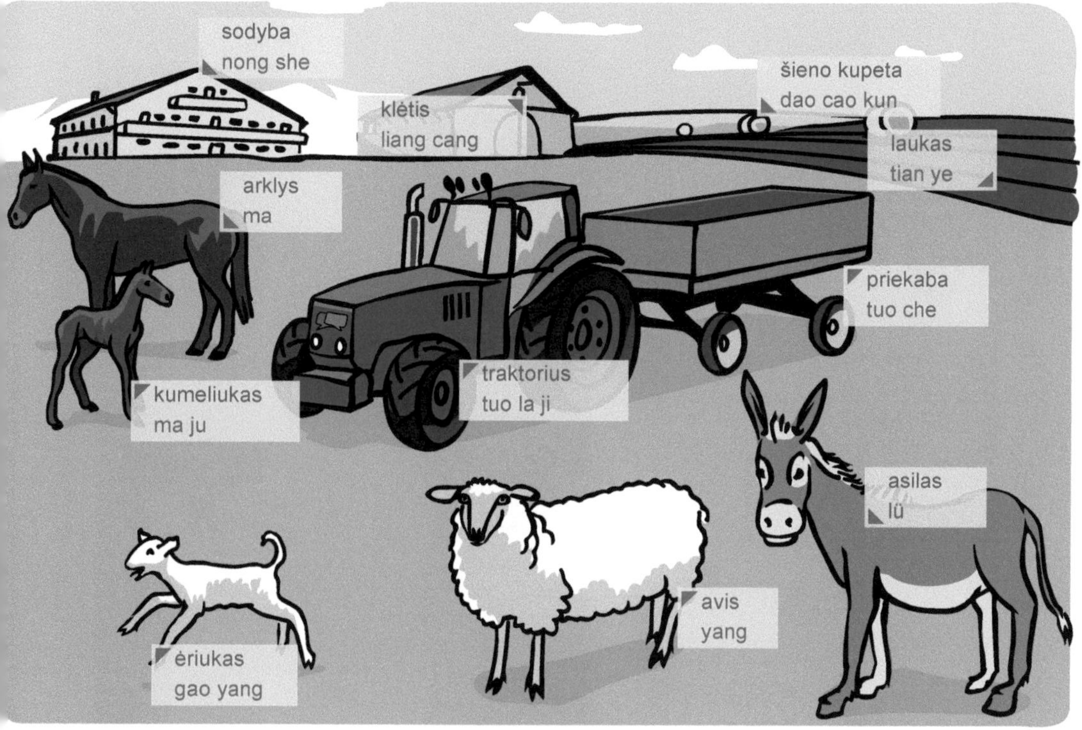

sodyba
nong she
klėtis
liang cang
šieno kupeta
dao cao kun
laukas
tian ye
arklys
ma
priekaba
tuo che
traktorius
tuo la ji
kumeliukas
ma ju
asilas
lü
avis
yang
ėriukas
gao yang

ožys

shan yang

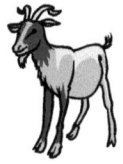

karvė

nai niu

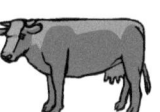

veršis

niu du

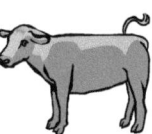

kiaulė

zhu

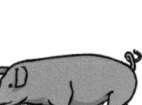

paršelis

xiao zhu

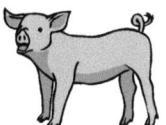

bulius

gong niu

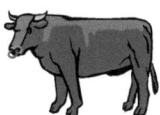

žąsis

e

antis

ya

viščiukas

xiao ji

višta

mu ji

gaidys

gong ji

žiurkė

shu

katė

mao

pelė

lao shu

jautis

niu

šuo

gou

šuns būda

gou wu

sodo namas

hua yuan jiao shui ruan guan

laistytuvas

sa shui hu

dalgis

chang bing da lian dao

plūgas

li

pjautuvas

lian dao

kauptukas

chu tou

šakės

chang bing cao pa

kirvis

fu tou

statinė

du lun shou tui che

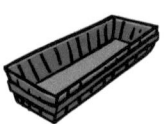

lovys

si liao cao

bidonas

niu nai guan

maišas

ma bu dai

tvora

zha lan

arklidė

ma jiu

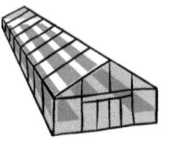

šiltnamis

wen shi

dirva

tu rang

sėkla

zhong zi

trąšos

fei liao

kombainas

lian he shou ge ji

rinkti

shou ge

derlius

shou ge

saldžiosios bulvės

shan yao

kviečiai

xiao mai

soja

da dou

bulvė

tu dou

kukurūzai

yu mi

rapsai

you cai zi

vaismedis

guo shu

manijokas

shu shu

grūdai

gu wu

namas

fang zi

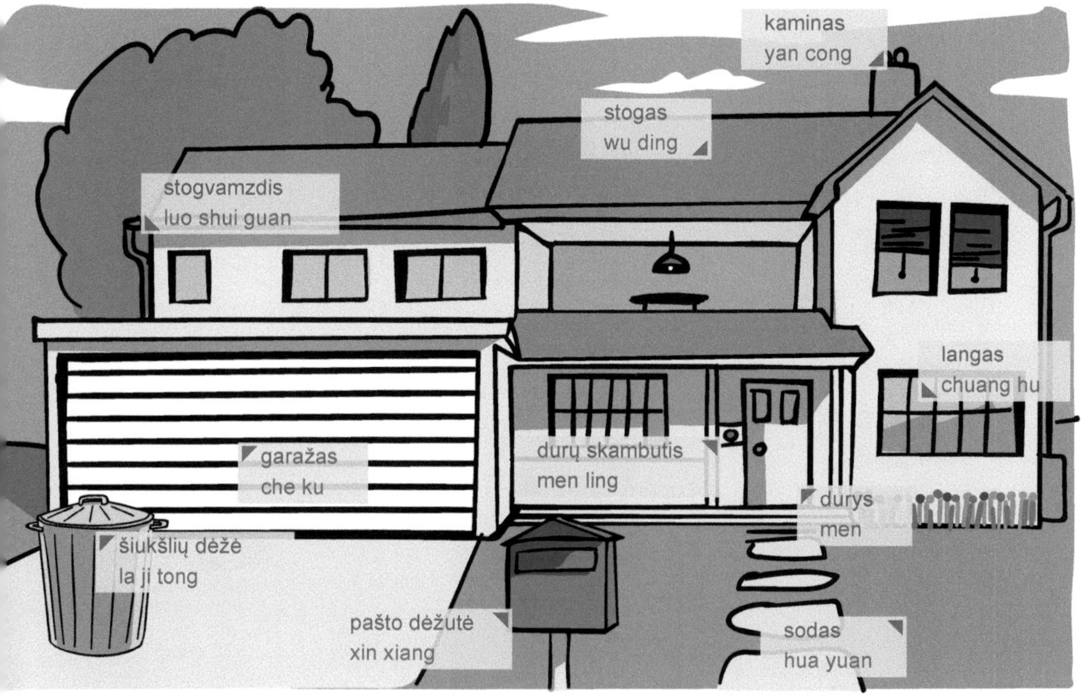

kaminas
yan cong
stogas
wu ding
stogvamzdis
luo shui guan
langas
chuang hu
garažas
che ku
durų skambutis
men ling
durys
men
šiukšlių dėžė
la ji tong
pašto dėžutė
xin xiang
sodas
hua yuan

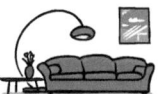

svetainė

ke ting

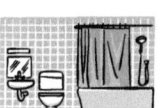

vonios kambarys

yu shi

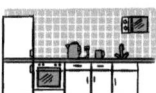

virtuvė

chu fang

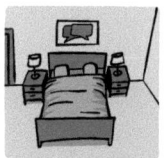

miegamasis

wo shi

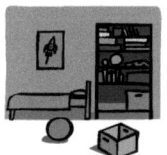

vaiko kambarys

er tong fang

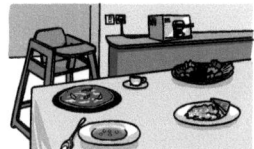

valgomasis

can ting

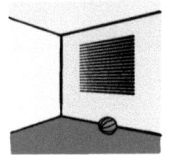

grindys

di ban

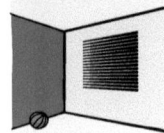

siena

qiang bi

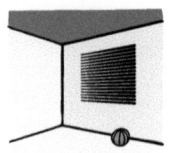

lubos

diao ding

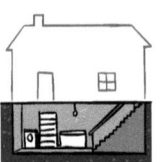

rūsys

di jiao

sauna

sang na

balkonas

yang tai

terasa

lu tai

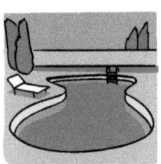

baseinas

you yong chi

žoliapjovė

ge cao ji

paklodė

bei dan

lovatiesė

chuang zhao

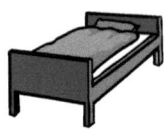

lova

chuang

šluota

sao zhou

kibiras

shui tong

jungiklis

kai guan

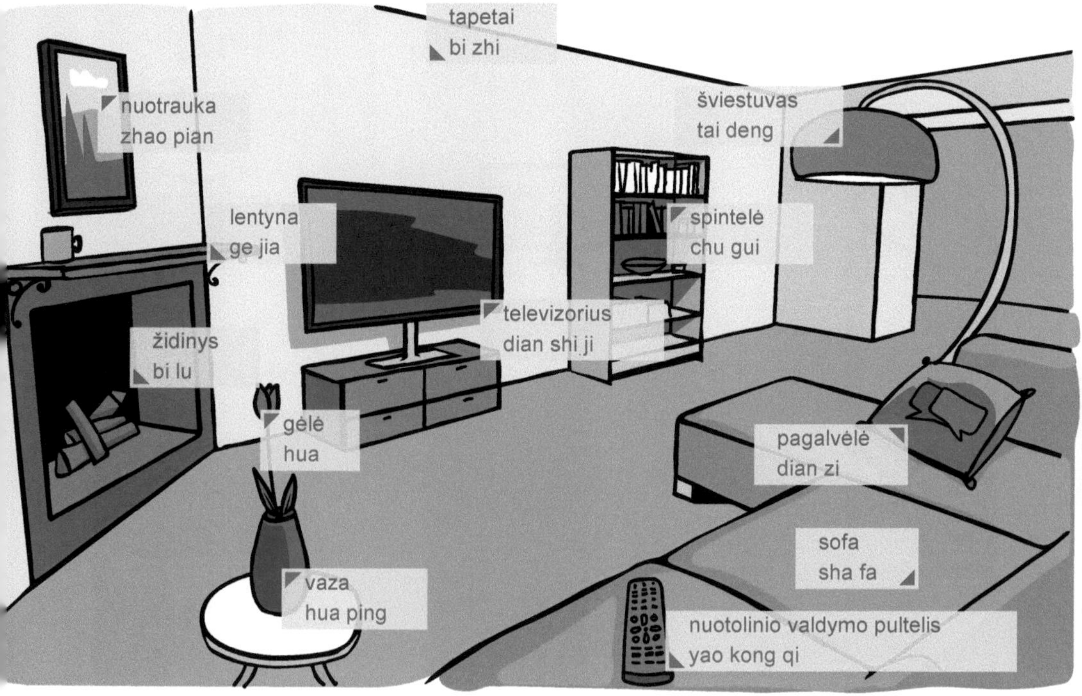

tapetai
bi zhi

nuotrauka
zhao pian

šviestuvas
tai deng

lentyna
ge jia

spintelė
chu gui

televizorius
dian shi ji

židinys
bi lu

gėlė
hua

pagalvėlė
dian zi

sofa
sha fa

vaza
hua ping

nuotolinio valdymo pultelis
yao kong qi

kilimas
di tan

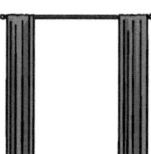

užuolaida
chuang lian

stalas
can zhuo

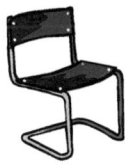

kėdė
yi zi

supamasis krėslas
yao yi

fotelis
fu shou yi

knyga

shu

antklodė

tan zi

papuošimai

zhuang shi pin

malkos

mu chai

filmas

dian ying

stereo aparatūra

gao bao zhen yin xiang

raktas

yao shi

laikraštis

bao zhi

paveikslas

you hua

plakatas

hai bao

radijas

shou yin ji

užrašų knygelė

bi ji ben

dulkių siurblys

xi chen qi

kaktusas

xian ren zhang

žvakė

la zhu

virtuvė
chu fang

šaldytuvas
bing xiang
mikrobangų krosnelė
wei bo lu
virtuvinės svarstyklės
chu fang cheng
skrudintuvas
kao mian bao ji
ploviklis
xi jie jing
orkaitė
kao xiang
šaldymo kamera
bing gui
šiukšlių dėžė
la ji tong
indaplovė
xi wan ji

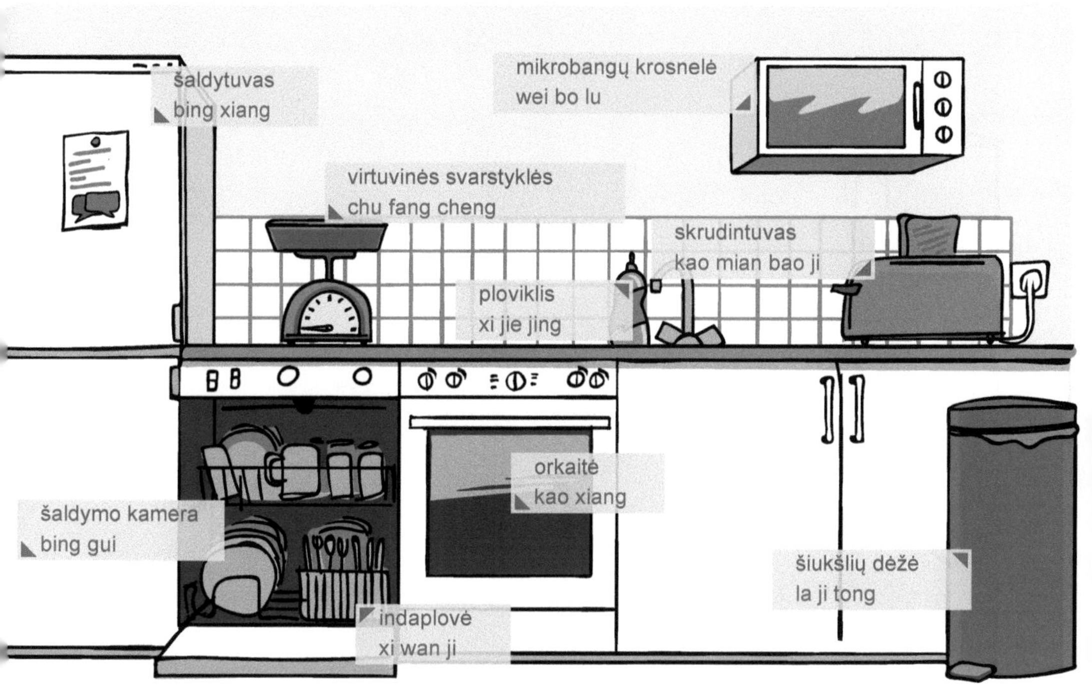

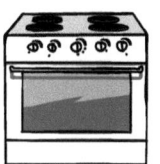

viryklė
chui ju

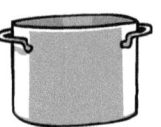

puodas
guo

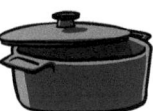

ketaus puodas
zhu tie guo

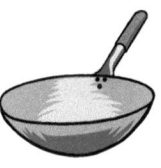

„wok“ keptuvė
sha guo

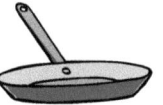

keptuvė
ping di guo

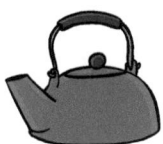

virdulys
shui hu

garų puodas

zheng guo

kepimo skarda

kao pan

porceliano indai

tao ci guo

puodelis

ma ke bei

dubuo

wan

valgomosios lazdelės

kuai zi

samtis

chang bing shao

mentelė

chan zi

plaktuvas

jiao ban qi

koštuvas

lü wang

sietas

shai zi

trintuvė

mo sui ji

grūstuvė

yan bo

kepsninė

shao kao

atvira liepsna

ming huo

pjaustymo lentelė

cai ban

kočėlas

gan mian zhang

kamščiatraukis

kai ping qi

skardinė

guan zi

skardinių atidarytuvas

kai ping qi

puodkėlė

ge re shou tao

kriauklė

shui cao

šepetys

shua zi

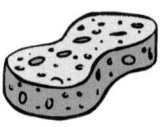

kempinė

hai mian

trintuvas

jiao ban ji

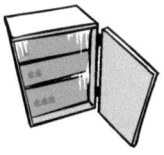

šaldiklis

leng cang xiang

kūdikių buteliukas

nai ping

čiaupas

shui long tou

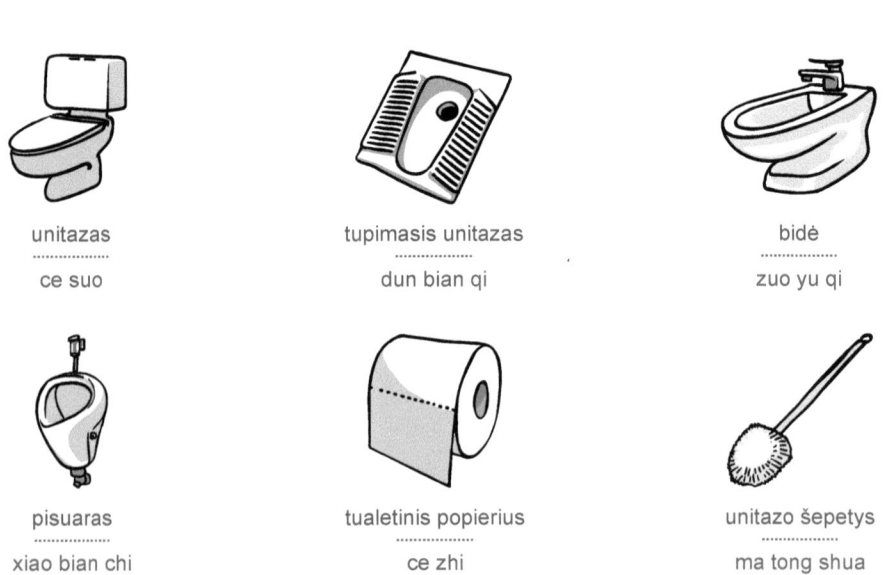

vonios kambarys

yu shi

šildymas
gong nuan she bei
rankšluostis
mao jin
dušas
lin yu
dušo užuolaidos
yu lian
vonios putos
pao mo yu
vonia
yu gang
stiklinė
bo li bei
skalbimo mašina
xi yi ji
čiaupas
shui long tou
plytelės
ci zhuan
naktinis puodukas
bian hu
kriauklė
shui cao

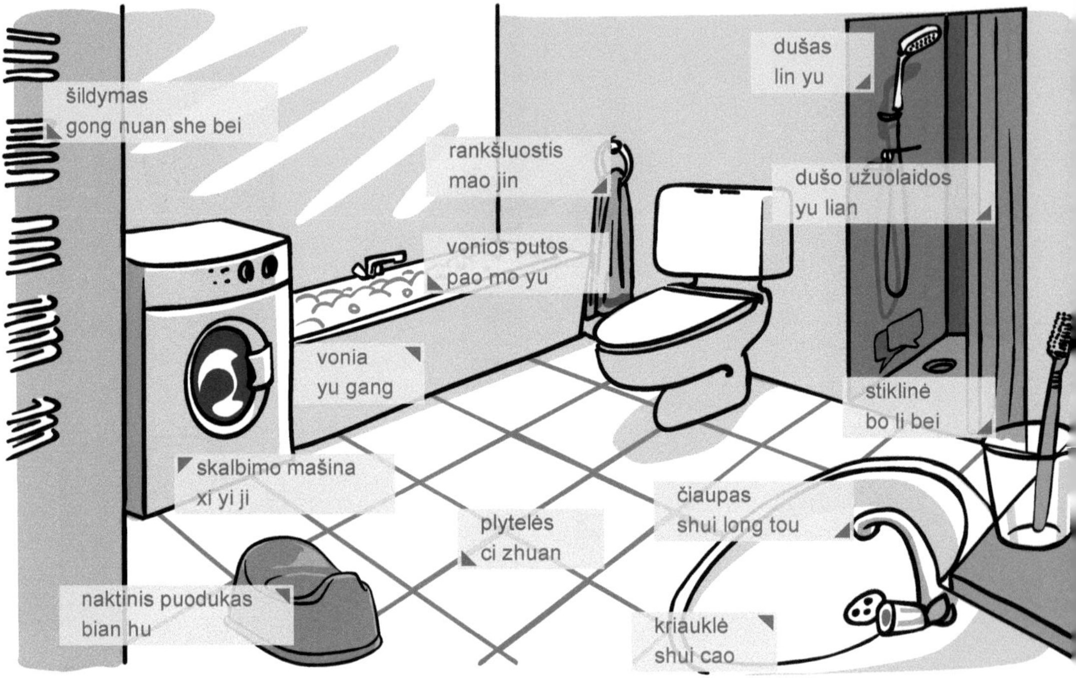

unitazas

ce suo

tupimasis unitazas

dun bian qi

bidė

zuo yu qi

pisuaras

xiao bian chi

tualetinis popierius

ce zhi

unitazo šepetys

ma tong shua

dantų šepetėlis

ya shua

dantų pasta

ya gao

dantų siūlas

ya xian

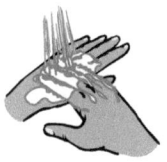

plauti

xi

dušo galvutė

shou chi shi pen lin tou

higieninis dušas

chong xi qi

praustuvas

xi lian pen

nugaros plaušinė

ca bei shua

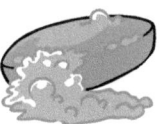

muilas

fei zao

dušo želė

mu yu lu

šampūnas

xi fa shui

plaušinė

fa lan rong

kanalizacija

pai shui

kremas

ru shuang

dezodorantas

chu chou ji

veidrodis

jing zi

veidrodėlis

shou jing

skustuvas

ti xu dao

skutimosi putos

ti xu pao mo

losjonas po skutimosi

xu hou shui

šukos

shu zi

šepetys

shua zi

plaukų džiovintuvas

chui feng ji

plaukų lakas

pen fa ding xing ji

makiažas

hua zhuang pin

lūpdažis

chun gao

nagų lakas

zhi jia you

vata

hua zhuang mian

žirklutės nagams

zhi jia jian

kvepalai

xiang shui

maišelis skalbiniams

xi shu bao

taburetė

deng zi

svarstyklės

ji zhong cheng

chalatas

yu pao

guminės pirštinės

xiang jiao shou tao

tamponas

wei sheng mian tiao

higieninis įklotas

wei sheng jin

biotualetas

hua xue ce suo

vaiko kambarys
er tong fang

žadintuvas
nao zhong
pliušinis žaislas
mao rong wan ju
žaislinė mašinėlė
wan ju che
barškutis
bo lang gu
lėlės namelis
wan ju wu
dovana
li wu

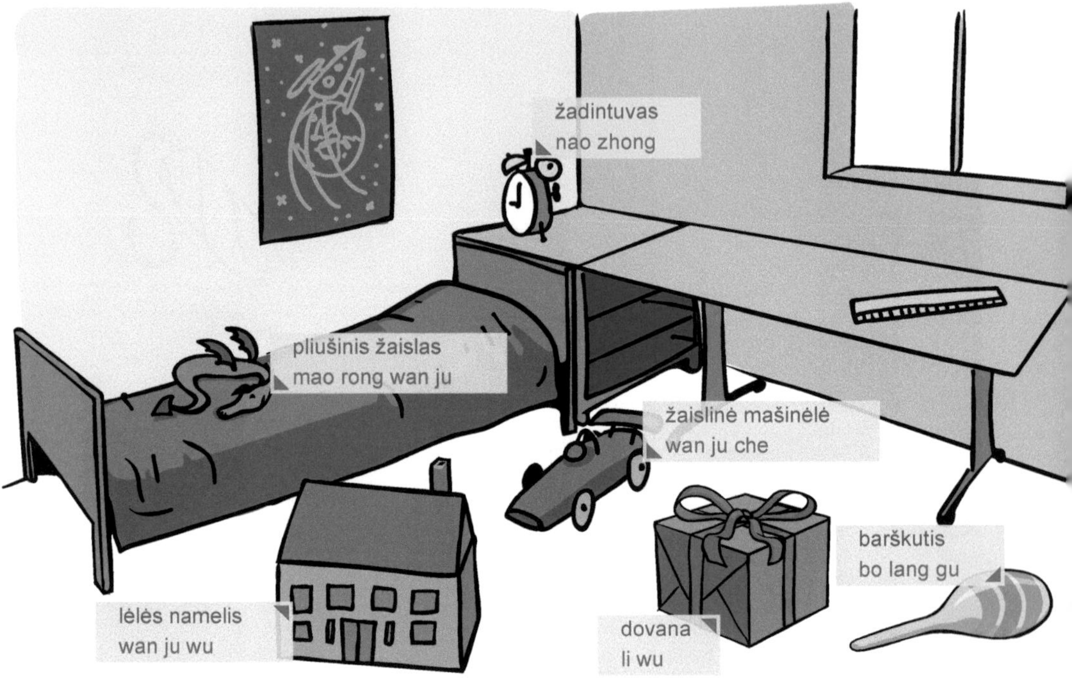

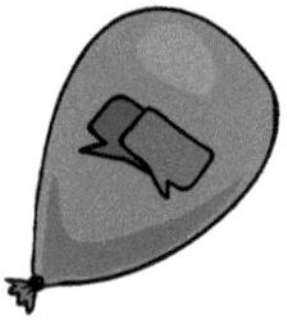

balionas

qi qiu

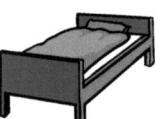

lova

chuang

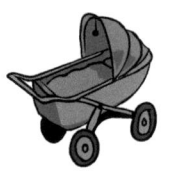

vaikiškas vežimėlis

(yang wa wa yong)ying er che

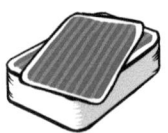

kortų malka

pu ke pai

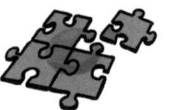

delionė

pin tu

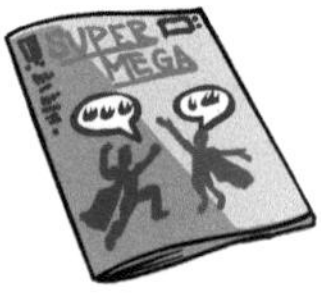

komiksai

man hua

lego kaladėlės

le gao ji mu

žaislinės kaladėlės

ji mu wan ju

figūrėlė

wan ju ren

šliaužtinukai

ying er fu

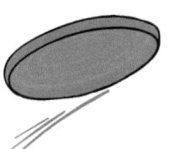

mėtymo lėkštė

fei pan

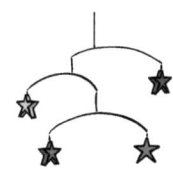

karuselė

chuang ling wan ju

stalo žaidimas

qi pan you xi

kauliukai

shai zi

žaislinis traukinys

huo che mo xing

žindukas

an fu nai zui

vakarėlis

ju hui

paveiksliukų knygelė

hui ben

kamuolys

qiu

lėlė

yang wa wa

žaisti

wan

smėlio dėžė

sha keng

sūpynės

qiu qian

žaislai

wan ju

žaidimų konsolė

you xi ji

triratukas

san lun che

meškiukas

tai di xiong

drabužių spinta

yi chu

drabužis

yi fu

kojinės

wa zi

kojinės virš kelių

chang wa

pėdkelnės

jin shen ku

šalikas
wei jin

skėtis
yu san

marškinėliai
T xu

diržas
pi dai

ilgaauliai batai
xue zi

šlepetės
tuo xie

sportbačiai
yun dong xie

sandalai
liang xie

batai
xie

guminiai batai
yu xue

trumpikės
nei ku

liemenėlė
xiong zhao

liemenė
bei xin

drabužis - yi fu

glaustinukė

shen ti

kelnės

ku zi

džinsai

niu zai ku

sijonas

duan qun

palaidinė

nü shi chen shan

marškiniai

chen shan

megztinis

tao tou shan

megztinis su gobtuvu

wei yi

švarkelis

xi zhuang jia ke

švarkas

jia ke

paltas

wai tao

lietpaltis

yu yi

kostiumas

tao zhuang

suknelė

lian yi qun

vestuvinė suknelė

hun sha

kostiumas

xi zhuang

naktiniai marškiniai

shui pao

pižama

shui yi

saris

sha li

skarelė

tou jin

tiurbanas

bao tou jin

burka

bo ka

kaftanas

ka fu tan

abaja

(a la bo shi)chang pao

maudymosi kostiumėlis

yong yi

glaudės

nan shi yong ku

šortai

duan ku

sportinis kostiumas

yun dong fu

prijuostė

wei qun

pirštinės

shou tao

saga

niu kou

akiniai

yan jing

apyrankė

shou lian

vėrinys

xiang lian

žiedas

jie zhi

auskaras

er huan

kepurė

bian mao

pakabas

yi jia

skrybėlė

mao zi

kaklaraištis

ling dai

užtrauktukas

la lian

šalmas

tou kui

breketai

bei dai

mokyklinė uniforma

xiao fu

uniforma

zhi fu

seilinukas

wei dou

žindukas

an fu nai zui

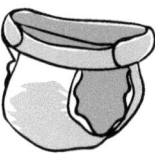

vystyklai

niao bu shi

biuras
ban gong shi

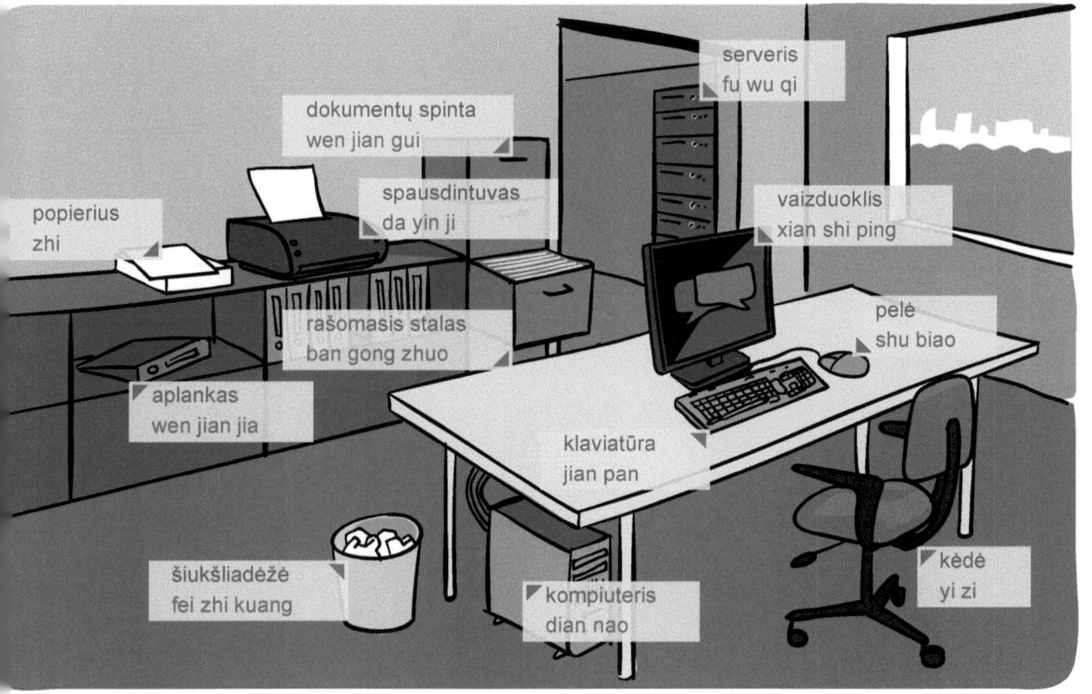

serveris
fu wu qi

dokumentų spinta
wen jian gui

spausdintuvas
da yin ji

popierius
zhi

vaizduoklis
xian shi ping

rašomasis stalas
ban gong zhuo

pelė
shu biao

aplankas
wen jian jia

klaviatūra
jian pan

šiukšliadėžė
fei zhi kuang

kėdė
yi zi

kompiuteris
dian nao

kavos puodelis

ka fei bei

kalkuliatorius

ji suan qi

internetas

yin te wang

nešiojamasis kompiuteris

bi ji ben dian nao

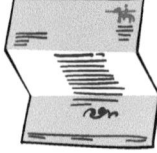

laiškas

xin jian

žinutė

xiao xi

mobilusis telefonas

shou ji

tinklas

wang luo

fotokopijavimo aparatas

fu yin ji

programinė įranga

ruan jian

telefonas

dian hua

kištukinis lizdas

cha zuo

faksas

chuan zhen ji

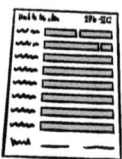

forma

biao ge

dokumentas

wen jian

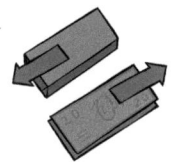

pirkti
mai

mokėti
fu qian

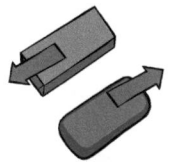

prekiauti
jiao yi

pinigai
xian jin

doleris
mei yuan

euras
ou yuan

jena
ri yuan

rublis
lu bu

Šveicarijos frankas
rui shi fa lang

juanis
ren min bi

rupija
lu bi

bankomatas
ti kuan chu

valiutos keitykla

wai bi dui huan chu

auksas

jin

sidabras

yin

nafta

shi you

energija

neng yuan

kaina

jia ge

sutartis

he tong

mokestis

shui jin

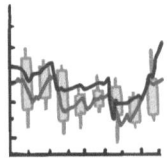

akcijos

gu piao

dirbti

gong zuo

darbuotojas

zhi yuan

darbdavys

lao ban

gamykla

gong chang

parduotuvė

shang dian

profesijos

zhi ye

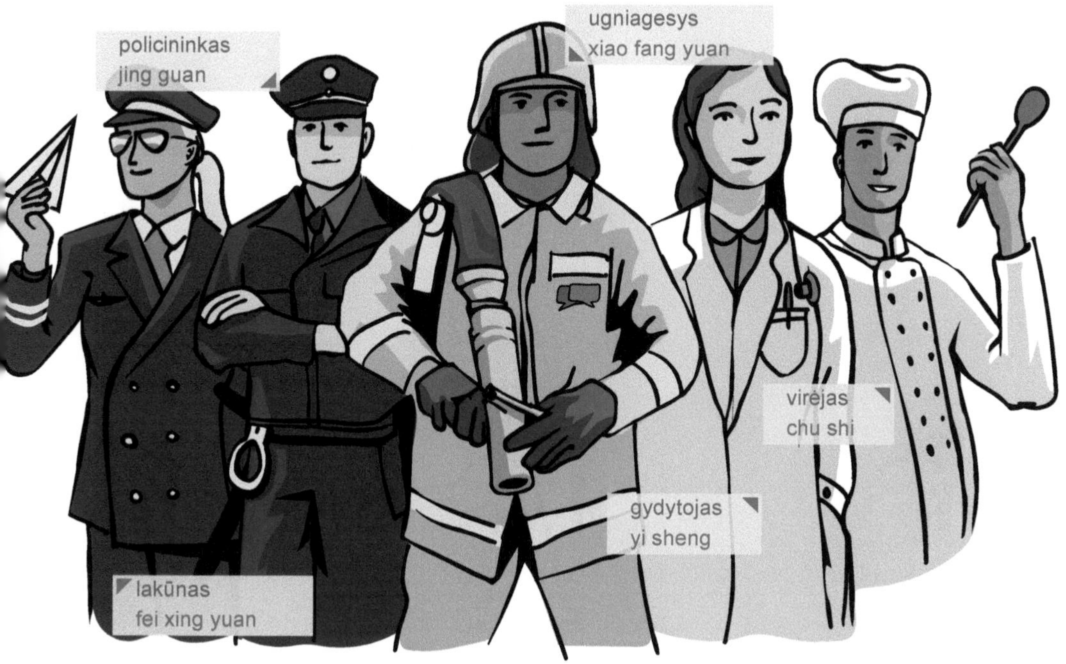
policininkas
jing guan
ugniagesys
xiao fang yuan
virėjas
chu shi
gydytojas
yi sheng
lakūnas
fei xing yuan

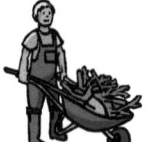

sodininkas

yuan ding

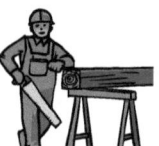

stalius

mu jiang

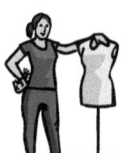

siuvėja

cai feng

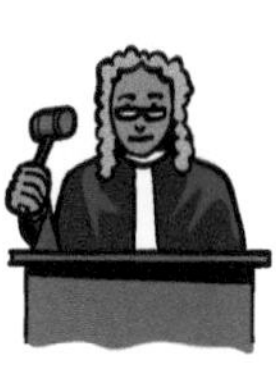

teisėjas

fa guan

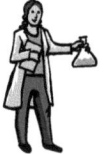

chemikas

hua xue jia

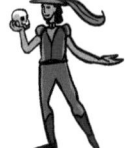

aktorius

yan yuan

autobuso vairuotojas

gong jiao che si ji

taksi vairuotojas

chu zu che si ji

žvejys

yu fu

valytoja

qing jie nü gong

stogdengys

wu ding gong

padavėjas

fu wu yuan

medžiotojas

lie ren

dailininkas

hua jia

kepėjas

mian bao shi

elektrikas

dian gong

statybininkas

jian zhu gong ren

inžinierius

gong cheng shi

mėsininkas

tu fu

santechnikas

shui guan gong

paštininkas

you di yuan

kareivis

shi bing

architektas

jian zhu shi

kasininkas

shou yin yuan

gėlininkas

hua nong

kirpėjas

li fa shi

konduktorius

shou piao yuan

mechanikas

ji xie shi

kapitonas

chuan zhang

odontologas

ya yi

mokslininkas

ke xue jia

rabinas

la bi

imamas

yi ma mu

vienuolis

he shang

kunigas

mu shi

įrankiai
gong ju

plaktukas
tie chui
replės
qian zi
atsuktuvas
luo si dao
raktas
ban shou
suvirinimo apara
shou dian tong

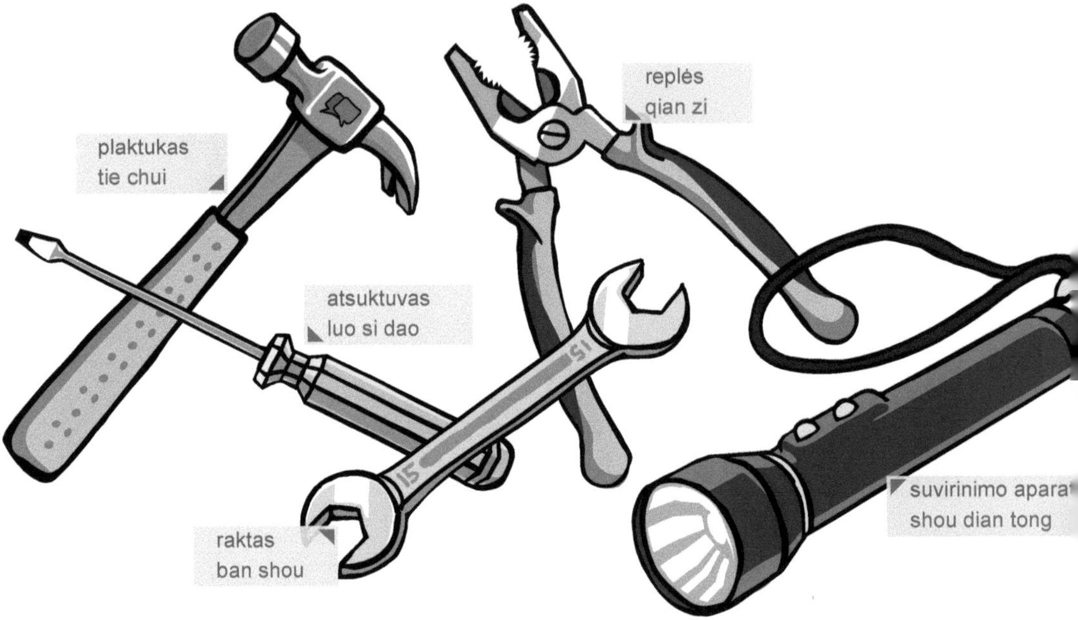

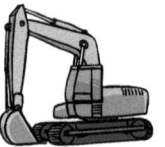

ekskavatorius

wa jue ji

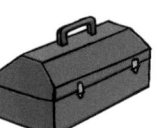

įrankių dėžė

gong ju xiang

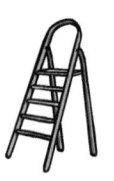

kopėčios

ti zi

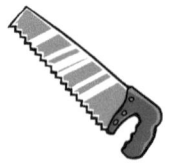

pjūklas

ju zi

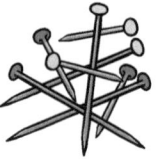

vinys

ding zi

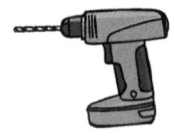

grąžtas

zuan ji

taisyti

xiu

kastuvas

chan zi

Velniava!

kao!

semtuvėlis

bo ji

dažų skardinė

you qi tong

varžtai

luo si

muzikos instrumentai
yue qi

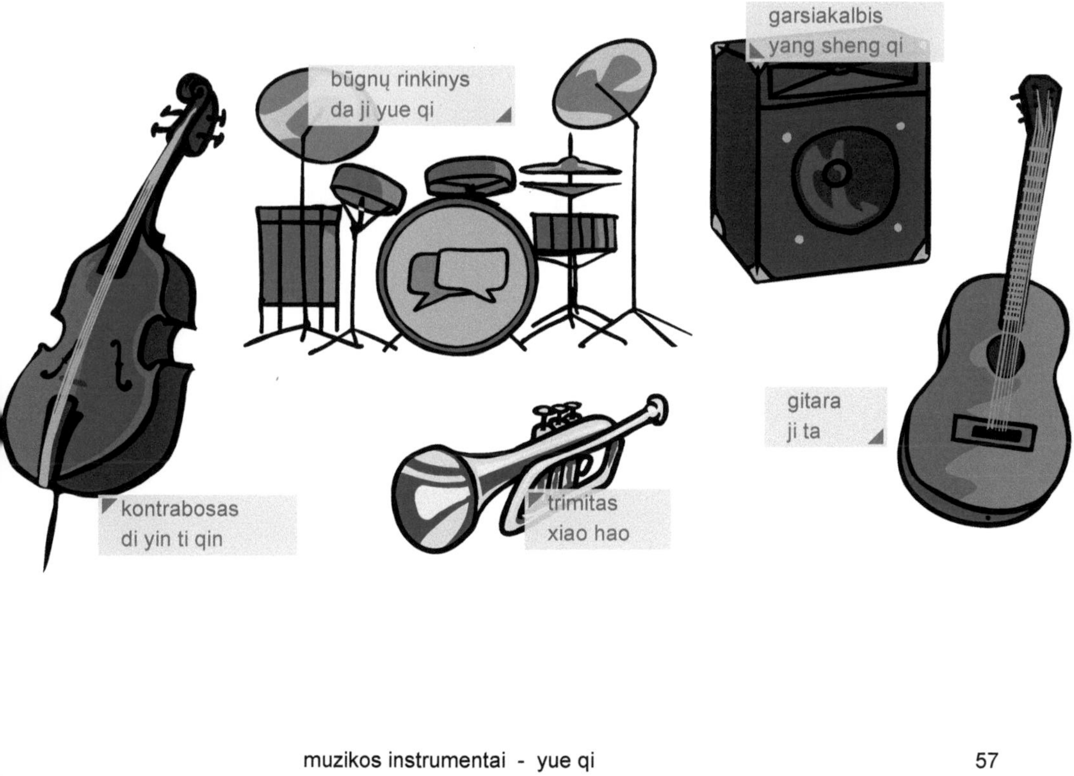

garsiakalbis
yang sheng qi

būgnų rinkinys
da ji yue qi

gitara
ji ta

kontrabosas
di yin ti qin

trimitas
xiao hao

pianinas

gang qin

smuikas

xiao ti qin

bosinė gitara

bei si

timpanas

ding yin gu

būgnai

gu

sintezatorius

dian zi qin

saksofonas

sa ke si guan

fleita

chang di

mikrofonas

mai ke feng

zoologijos sodas
dong wu yuan

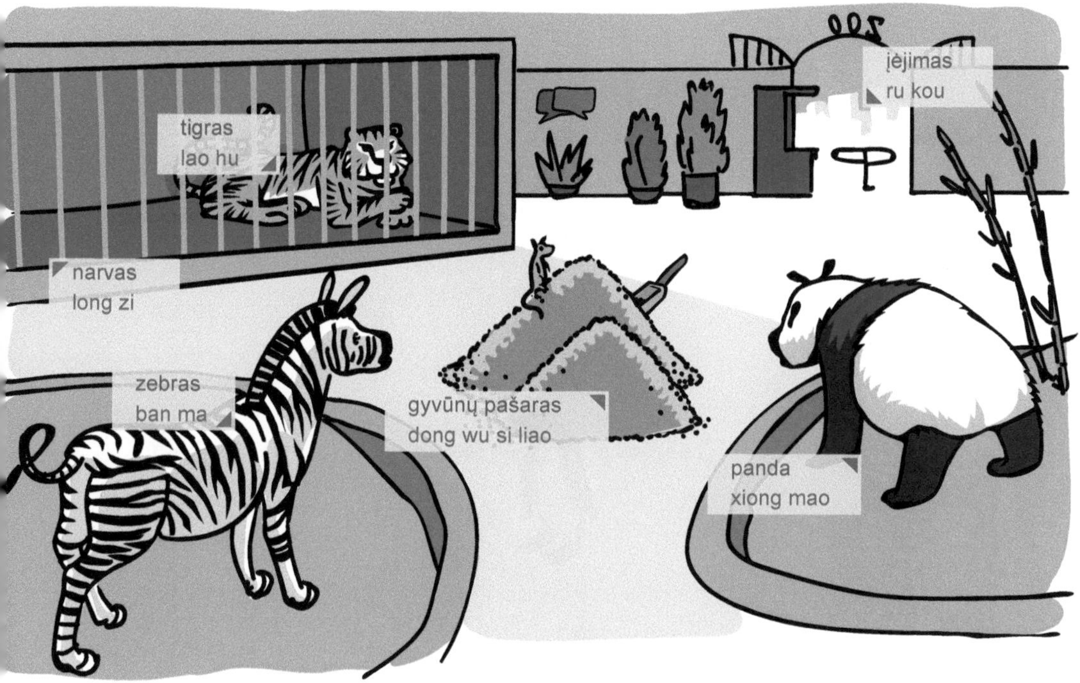
tigras
lao hu
įėjimas
ru kou
narvas
long zi
zebras
ban ma
gyvūnų pašaras
dong wu si liao
panda
xiong mao

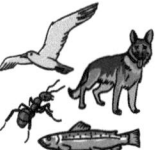

gyvūnai

dong wu

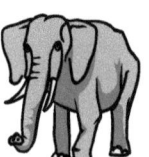

dramblys

da xiang

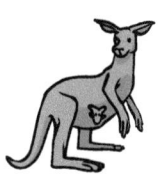

kengūra

dai shu

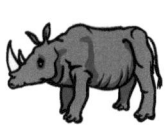

raganosis

xi niu

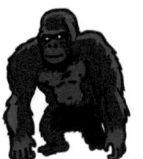

gorila

da xing xing

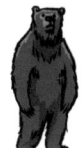

meška

xiong

kupranugaris

luo tuo

strutis

tuo niao

liūtas

shi zi

beždžionė

hou zi

flamingas

huo lie niao

papūga

ying wu

baltoji meška

bei ji xiong

pingvinas

qi e

ryklys

sha yu

povas

kong que

gyvatė

she

krokodilas

e yu

zoologijos sodo prižiūrėtojas

dong wu yuan guan li yuan

ruonis

hai bao

jaguaras

mei zhou bao

ponis

ai zhong ma

leopardas

bao

begemotas

he ma

žirafa

chang jing lu

erelis

lao ying

šernas

ye zhu

žuvis

yu

vėžlys

gui

vėplys

hai xiang

lapė

hu li

gazelė

ling yang

amerikietiškas futbolas
gan lan qiu

dviračių sportas
qi zi xing che

tenisas
wang qiu

krepšinis
lan qiu

plaukimas
you yong

boksas
quan ji

ledo ritulys
bing qiu

futbolas
ying shi zu qiu

badmintonas
yu mao qiu

atletika
tian jing

rankinis
shou qiu

slidinėjimas
hua xue

polas
ma qiu

juoktis
xiao

šokinėti
tiao

apkabinti
yong bao

vaikščioti
zou lu

dainuoti
chang

svajoti
zuo meng

melstis
qi dao

bučiuoti
qin wen

rašyti	piešti	rodyti
shu xie	hua	zhan shi

stumti	duoti	imti
tui	gei	na

turėti

you

daryti

zuo

būti

dang

stovėti

zhan

bėgti

pao

traukti

la

mesti

reng

kristi

shuai dao

meluoti

tang

laukti

deng dai

nešti

xie dai

sėdėti

zuo

rengtis

chuan yi

miegoti

shui jiao

pabusti

xing lai

žiūrėti

kan

verkti

ku

glostyti

fu mo

šukuoti

shu tou

kalbėti

jiao tan

suprasti

ming bai

paklausti

wen

klausytis

ting

gerti

he

valgyti

chi

tvarkytis

qing li

mylėti

ai

gaminti

zuo fan

vairuoti

kai che

skristi

fei

buriuoti

hang xing

skaičiuoti

ji suan

skaityti

du

mokytis

xue xi

dirbti

gong zuo

vesti

jie hun

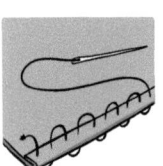

siūti

feng

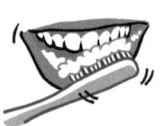

valytis dantis

shua ya

žudyti

sha

rūkyti

chou yan

siųsti

ji

senelė
zu mu

senelis
zu fu

tėvas
fu qin

motina
mu qin

kūdikis
ying tong

dukra
nü er

sūnus
er zi

svečias

ke ren

teta

a yi

dėdė

shu shu

brolis

xiong di

sesuo

jie mei

kūnas
shen ti

kakta
qian e
akis
yan jing
petys
jian bang
pirštas
shou zhi
veidas
lian
smakras
xia ba
plaštaka
shou
koja
tui
krūtinė
ru fang
ranka
shou bi

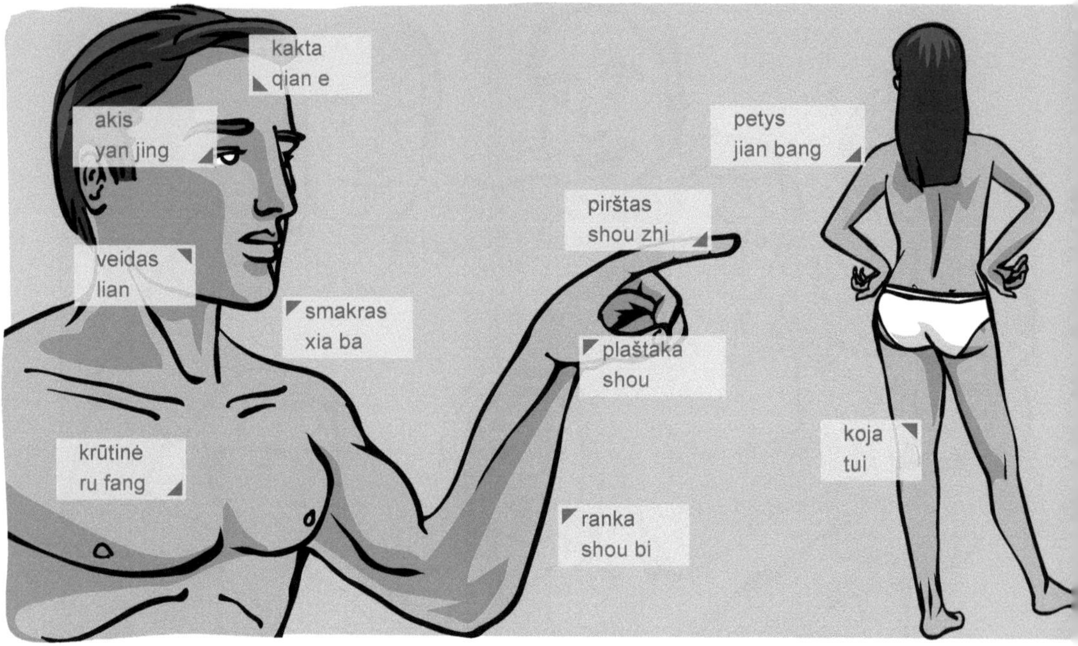

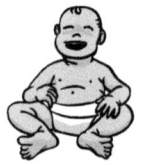

kūdikis
ying tong

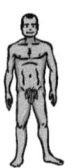

vyras
nan ren

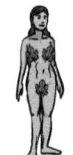

moteris
nü ren

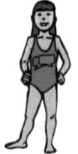

mergaitė
nü hai

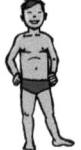

berniukas
nan hai

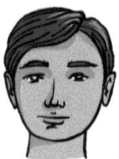

galva
tou

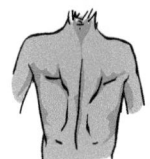

nugara

bei bu

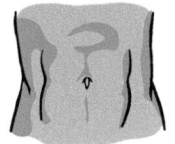

pilvas

du zi

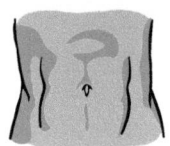

bamba

du qi

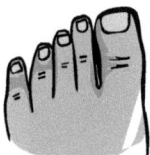

kojos pirštas

jiao zhi

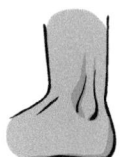

kulnas

jiao hou gen

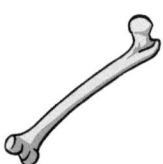

kaulas

gu tou

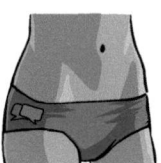

klubas

tun bu

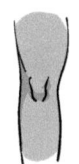

kelis

xi gai

alkūnė

shou zhou

nosis

bi zi

sėdmenys

pi gu

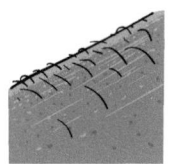

oda

pi fu

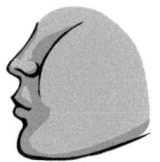

skruostas

lian jia

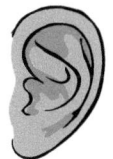

ausis

er duo

lūpa

zui chun

burna

zui

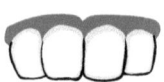

dantis

ya chi

liežuvis

she tou

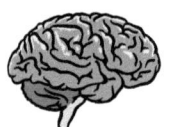

smegenys

nao

širdis

xin zang

raumuo

ji rou

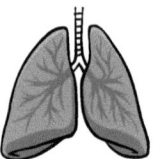

plaučiai

fei

kepenys

gan zang

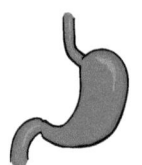

skrandis

wei

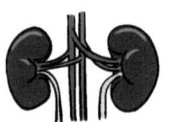

inkstai

shen zang

seksas

xing jiao

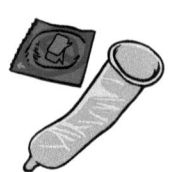

prezervatyvas

bi yun tao

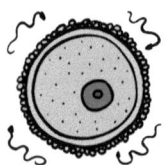

kiaušialąstė

luan zi

sperma

jing zi

nėštumas

huai yun

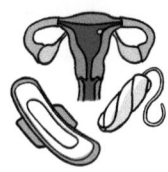

menstruacijos

yue jing

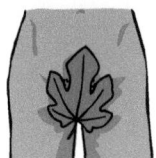

makštis

yin dao

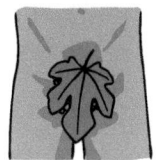

varpa

yin jing

antakis

mei mao

plaukai

tou fa

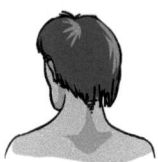

kaklas

bo zi

ligoninė

yi yuan

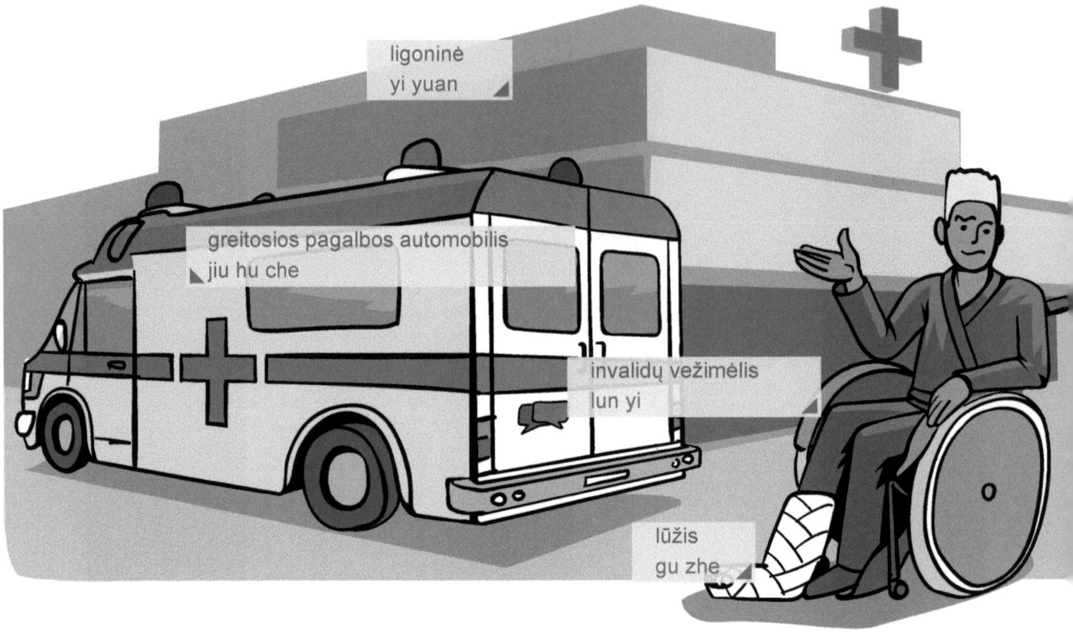

ligoninė
yi yuan
greitosios pagalbos automobilis
jiu hu che
invalidų vežimėlis
lun yi
lūžis
gu zhe

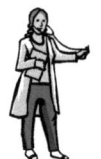

gydytojas

yi sheng

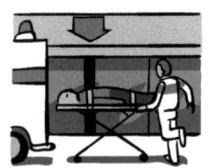

skubios pagalbos skyrius

ji zhen shi

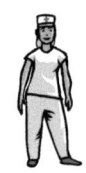

slaugytoja

hu shi

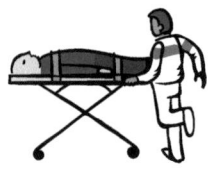

nelaimingas atsitikimas

jin ji qing kuang

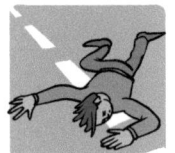

be sąmonės

hun mi

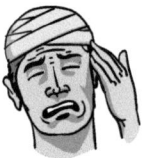

skausmas

tong

sužalojimas

shou shang

kraujavimas

chu xue

širdies smūgis

xin zang bing fa zuo

insultas

zhong feng

alergija

guo min

kosulys

ke sou

karščiavimas

fa shao

gripas

liu gan

viduriavimas

fu xie

galvos skausmas

tou tong

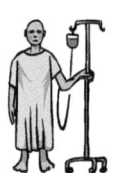

vėžys

ai zheng

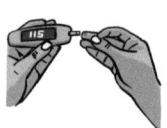

diabetas

tang niao bing

chirurgas

wai ke yi sheng

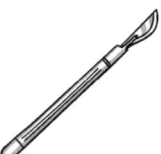

skalpelis

shou shu dao

operacija

shou shu

KT
CT

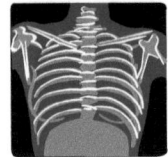

rentgenas
X guang

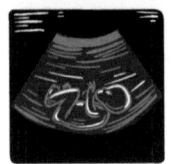

ultragarsas
chao sheng bo

veido kaukė
kou zhao

liga
ji bing

laukiamasis
hou zhen shi

ramentas
guai zhang

gipsas
shi gao

tvarstis
beng dai

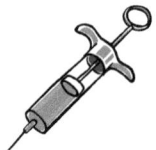

injekcija
zhu she

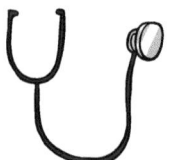

stetoskopas
ting zhen qi

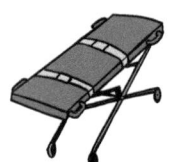

neštuvai
dan jia

termometras
ti wen ji

gimimas
chu sheng

antsvoris
chao zhong

klausos aparatas

zhu ting qi

dezinfekavimo priemonė

xiao du ye

infekcija

gan ran

virusas

bing du

ŽIV / AIDS

ai zi bing

vaistas

yao wu

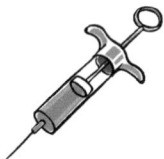

skiepijimas

jie zhong yi miao

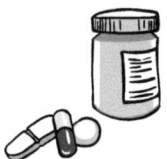

tabletės

yao pian

piliulė

yao wan

skubios pagalbos numeris

ji jiu dian hua

kraujospūdžio matuoklis

xue ya ji

ligotas / sveikas

sheng bing/jian kang

Padėkite!

jiu ming!

pavojaus signalas

jing bao

užpuolimas

tu ji

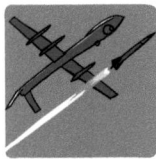

ataka

gong ji

pavojus

wei xian

avarinis išėjimas

jin ji chu kou

Gaisras!

zhao huo la!

gesintuvas

mie huo qi

nelaimingas atsitikimas

yi wai

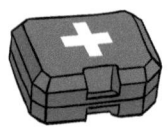

pirmosios pagalbos rinkinys

ji jiu xiang

SOS

hu jiu xin hao

policija

jing cha

Europa

ou zhou

Šiaurės Amerika

bei mei zhou

Pietų Amerika

nan mei zhou

Afrika

fei zhou

Azija

ya zhou

Australija

ao zhou

Atlanto vandenynas

da xi yang

Ramusis vandenynas

tai ping yang

Indijos vandenynas

yin du yang

Pietų vandenynas

nan bing yang

Arkties vandenynas

bei bing yang

Šiaurės ašigalis

bei ji

Pietų ašigalis

nan ji

Antarktida

nan ji zhou

Žemė

di qiu

sausuma

lu di

jūra

hai

sala

dao

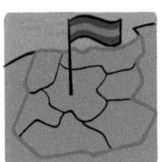

tauta

guo jia

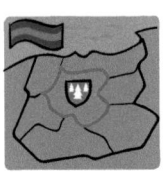

valstybė

guo jia

ciferblatas

zhong mian

valandinė rodyklė

shi zhen

minutinė rodyklė

fen zhen

sekundinė rodyklė

miao zhen

Kiek valandų?

xian zai ji dian?

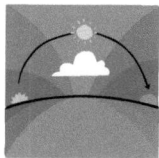

diena

tian

laikas

shi jian

dabar

xian zai

skaitmeninis laikrodis

dian zi biao

minutė

fen

valanda

shi

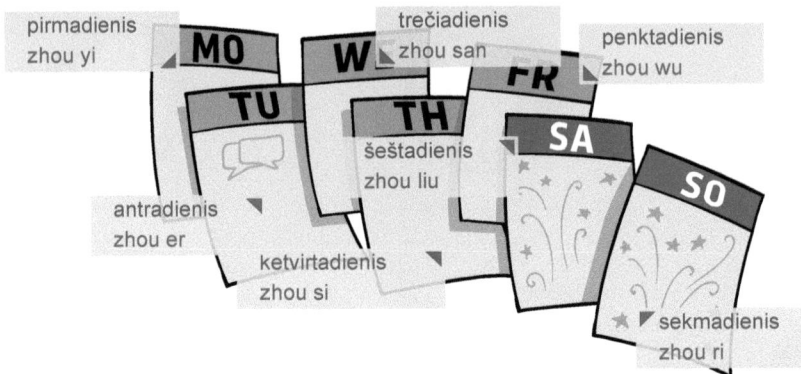

pirmadienis
zhou yi

trečiadienis
zhou san

penktadienis
zhou wu

antradienis
zhou er

šeštadienis
zhou liu

ketvirtadienis
zhou si

sekmadienis
zhou ri

vakar

zuo tian

šiandien

jin tian

rytoj

ming tian

rytas

zao chen

vidurdienis

zhong wu

vakaras

wan shang

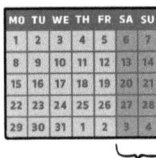

darbo dienos

gong zuo ri

savaitgalis

zhou mo

metai
nian

lietus
yu
vaivorykštė
cai hong
vėjas
feng
sniegas
xue
pavasaris
chun
ruduo
qiu
vasara
xia
žiema
dong

4.APRIL 11°
5.APRIL 4°
6.APRIL 13°
7.APRIL 8°
8.APRIL 10°

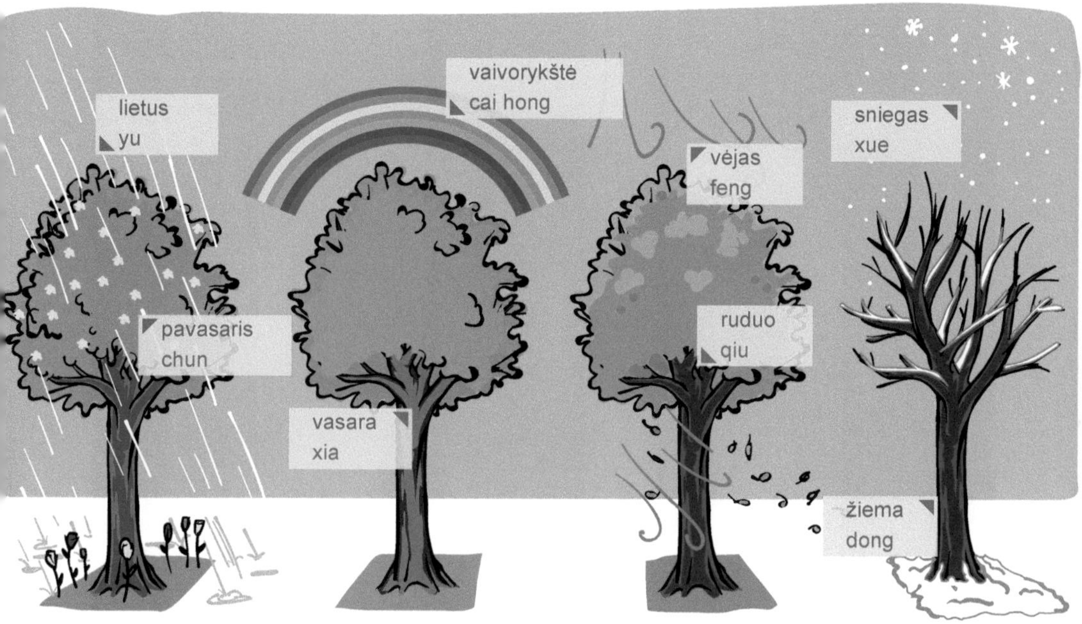

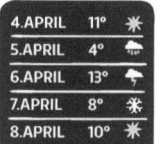

orų prognozė

tian qi yu bao

F C
120 40
90 30
60 20
30 10
0 0
-30 -10
-20

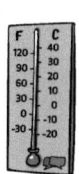

lauko termometras

wen du ji

saulės šviesa

yang guang

debesis

yun

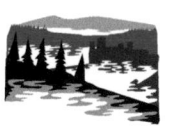

rūkas

wu

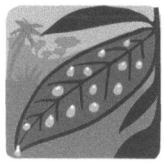

drėgmė

chao shi

žaibas

shan dian

griaustinis

da lei

audra

feng bao

kruša

bing bao

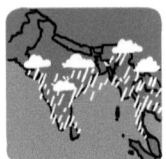

musonas

ji feng

potvynis

hong shui

ledas

bing

sausis

yi yue

vasaris

er yue

kovas

san yue

balandis

si yue

gegužė

wu yue

birželis

liu yue

liepa

qi yue

rugpjūtis

ba yue

rugsėjis
jiu yue

spalis
shi yue

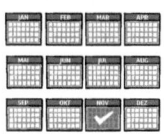

lapkritis
shi yi yue

gruodis
shi er yue

formos
xing zhuang

apskritimas
yuan xing

kvadratas
zheng fang xing

stačiakampis
chang fang xing

trikampis
san jiao xing

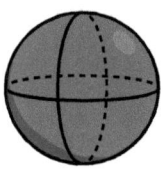

sfera
qiu ti

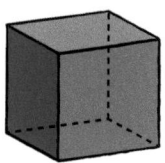

kubas
li fang ti

balta

bai

geltona

huang

oranžinė

cheng

rožinė

fen

raudona

hong

violetinė

zi

mėlyna

lan

žalia

lü

ruda

zong

pilka

hui

juoda

hei

daug / mažai

hen duo/shao xu

piktas / ramus

sheng qi/ping jing

gražus / bjaurus

mei/chou

pradžia / pabaiga

shou/wei

didelis / mažas

da/xiao

šviesus / tamsus

ming/an

brolis / sesuo

xiong di/jie mei

švarus / purvinas

gan jing/ang zang

užbaigtas / neužbaigtas

wan zheng/que shi

diena / naktis

bai tian/wan shang

miręs / gyvas

si/sheng

platus / siauras

kuan/zhai

valgomas / nevalgomas

ke shi yong/fei shi yong

piktas / malonus

xie e/shan liang

linksmas / nuobodus

xing fen/wu liao

storas / plonas

pang/shou

pirmiausia / paskiausia

di yi/zui hou

draugas / priešas

peng you/di ren

pilnas / tuščias

man/kong

kietas / minkštas

ying/ruan

sunkus / lengvas

zhong/qing

alkis / troškulys

e/ke

ligotas / sveikas

sheng bing/jian kang

nelegalus / legalus

fei fa/he fa

protingas / kvailas

cong ming/yu ben

kairė / dešinė

zuo/you

arti / toli

jin/yuan

naujas / naudotas

xin/jiu

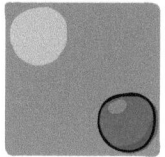

niekas / kažkas

mei you/you xie

senas / jaunas

lao/you

įjungta / išjungta

kai/guan

atidaryta / uždaryta

da kai/he shang

tylus / garsus

an jing/chao nao

turtingas / vargšas

fu/qiong

teisus / neteisus

dui/cuo

šiurkštus / švelnus

cu cao/guang hua

liūdnas / laimingas

shang xin/gao xing

trumpas / ilgas

duan/chang

lėtas / greitas

man/kuai

drėgnas / sausas

shi/gan

šiltas / šaltas

wen nuan/liang shuang

karas / taika

zhan zheng/he ping

0

nulis

ling

1

vienas

yi

2

du

er

3

trys

san

4

keturi

si

5

penki

wu

6

šeši

liu

7

septyni

qi

8

aštuoni

ba

9

devyni

jiu

10

dešimt

shi

11

vienuolika

shi yi

12
dvylika
shi er

13
trylika
shi san

14
keturiolika
shi si

15
penkiolika
shi wu

16
šešiolika
shi liu

17
septyniolika
shi qi

18
aštuoniolika
shi ba

19
devyniolika
shi jiu

20
dvidešimt
er shi

100
šimtas
bai

1.000
tūkstantis
qian

1.000.000
milijonas
bai wan

anglų

ying yu

amerikiečių anglų

mei shi ying yu

kinų (mandarinų)

pu tong hua

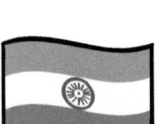

hindi

yin di yu

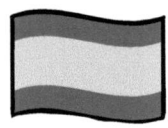

ispanų

xi ban ya yu

prancūzų

fa yu

arabų

a la bo yu

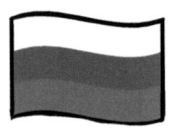

rusų

e yu

portugalų

pu tao ya yu

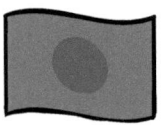

bengalų

feng jia la yu

vokiečių

de yu

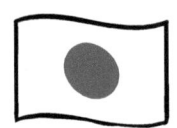

japonų

ri yu

aš
wo

tu
ni

jis / ji
ta/ta/ta

mes
wo men

jūs
ni men

jie
ta men

kas?
shei?

ką?
shen me?

kaip?
zen yang?

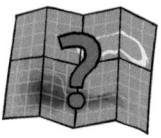

kur?
na li?

kada?
shen me shi hou?

vardas
ming zi

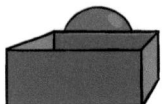

už
....
hou mian

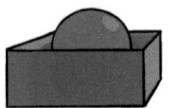

kur (vieta)
....
li mian

priešais
....
qian mian

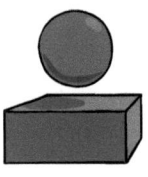

virš
....
shang fang

ant
....
shang mian

po
....
xia mian

prie
....
pang bian

tarp
....
zhong jian

vieta
....
di dian